Maximilian Noel Schimanzik

# Stille Wünsche

AF211108

Maximilian Noel Schimanzik

# Stille Wünsche

Durch Welten Wandeln

Bibliografische Information der Deutschen Nationalbibliothek:
Die Deutsche Nationalbibliothek verzeichnet diese
Publikation in der Deutschen Nationalbibliografie;
detaillierte bibliografische Daten sind im Internet
über http://dnb.dnb.de abrufbar.

Herstellung und Verlag: BoD – Books on Demand,
Norderstedt

ISBN: 978-3-7597-2093-1

*Für meine Familie*

*und die Suchenden im Leben*

# Kapitel

*Viele Gefühle verstecken sich in diesen Zeilen, in diesen Kapiteln in diesem Buch. Alle entsprangen sie derselben Quelle, sie könnten dennoch nicht unterschiedlicher sein.*

# Entfaltung einer Blume

**Die Blume im Sonnenschein, umzingelt von Unkraut, störend und doch ein Helferlein.**

**Die Welt**, ein Ort des Friedens, lichtes Glanz scheint überall, Pflanzen ragen, sie verwurzeln sich, sie leben, leben für den Moment, der Moment der Ewigkeit, zeigen den Weg, der eine weg den es zu gehen gilt, sei wie die Pflanze stark, stabil, wachse Richtung Licht, nehme das, was du brauchst aus der unendlichen Quelle der Sonne, sei ruhig und bedacht, helfe den kleineren, die noch wachsen müssen, sei der, der du bist, was wäre dieser Traum, der so schnell erlischt.

**Die Zeit still**, die Welt, sie dreht sich nicht, du, du bist es, du bewegst dich, auf wegen der Unendlichkeit im Einklang der komischen Gesetzlichkeit, du der Mensch gehe nun fortan gehe in Richtung Licht, nach links und rechts geht's auch, du wirst Umwege gehen doch, gehe niemals zurück, gehe niemals in die Falle der Dunkelheit.

**Meine Liebe**, ich liebe dich so wie du bist, wie du warst, wie du sein wirst, es werde glanzvoll, deine Zukunft? Gewiss soll sie sein, dein Schicksal? Es sei so, wie es kommt. Deine Kraft, sie wird immer sein, sowohl in der Blüte wie im Anfang vom Ende, wie im Ende vom Anfang, ewig bestehend auf dem Pfad, auf dem wir wandeln werden, wandeln bis zum Ziel, das Ziel? Glückseligkeit.

**Zeige Güte anderen gegenüber**, zeige Liebe denen, die dich lieben, sei glücklich über das, was du hast, helfe, wo du kannst, zeige deine Wertigkeit in der Welt, dann wirst du emporsteigen, die Menschen werden wohl undankbar sein, jedoch du, wirst die größte Dankbarkeit erhalten.

**Lebe**, denn es wurde dir geschenkt, Fühle, denn du hast die Liebe, Helfe, denn du hast die Gabe, Zeige wär, du bist, denn du hast einen Körper, Arbeite, denn du hast die Kraft, Rede, denn du hast die Stimmgabe, Repräsentiere damit das Richtige.

**Die des Lichtessglanzes**, repräsentiert, Liebe geschehe, auf der Welt, Meister des Schülers auf dem Weg, im hoffnungsvollen Augenblick der Wahrheit, zeigen die Zeit in Wirklichkeit, das Böse enttarnt und aufgelöst, strahlt das Licht allein ohne den Mut nicht unkompliziert, Wahrhaftigkeit, Edelmut, Hingabe und vertrauen, Leben im vielerlei, im Morgentau, hoch oben im Himmelblau!

*So greifbar, so unsichtbar, durch die Dunkelheit hindurch, so sichtbar, unfassbar, durch das Licht.*

# Die Bühne mein ganzer Stolz

**Die Bühne mein ganzer Stolz, mein mageres Talent überstrapaziert, die Bühne doch nur aus modrigen Holz, mich zu wenig konzentriert.**

**Da ging man auf die Bühne**, die Hoffnung gewiss, mit leuchtenden Augen ins Rampenlicht, doch dann plötzlich der Filmriss, wer bist du? Was willst du eigentlich hier? Leben im Hier und Jetzt ist mein Begehr, alles schwarz herum, nur noch die Maschinen, die Licht werfen, zu sehen. Alles andere es verschwimmt im Endlosen, gehen, gehen ohne Ziel. Wohin der Weg mich zu führen vermag, im eiskalten Labyrinth, alles karg, hart und die Verzweiflung einen niederstreckt, wo ist ein Versteck?

**Unheil des stolzen willen,** schwach im Geiste noch dazu, dass du anders bist, musst du zeigen, in dieser Welt geht das nicht in Nu, Handeln nach Prinzip, Leben im Hier und Jetzt, als Mensch wachsen, nicht als Negativ, die Seite gewählt, die des Wahrhaftigen durchgesetzt, nicht zurückfallen im Kampf der Dämonen, Sie wollen dich am Boden sehen, gehe mit Stärke voran, voran nach oben, schreite weiter, immer weiter, ohne dich zu verlieren, wenn du oben bist, gefestigt und im Glanz, du helfen kannst, den anderen, auf ihrem Weg, gebe ihnen deine Hand, doch nicht dich umpflanze, dann beginnt es wieder von vorn, der Dreck.

**Der letzte Schritt den er tat**, verlangte all seine Kraft und als er voraus sah, hinüber zum stillen Wasser, so fühlte ich seinen pulsierendes Herz.

**Wäre der Frieden nur nicht so weit**

Und die Stimmen nicht so laut

Seit Anbeginn der Zeit,

Soweit voran und das Herz bleibt stehen,

Die Tiere ziehen fort,

Und die Menschen schießen weiter,

Und die Unmenschen ziehen Fäden,

Weshalb noch fühlen? Weshalb noch denken?

All das Leben fort und all die Liebe fortgejagt,

Des Lebens größter Narr, breitete sich vor
mir aus,

Und weiter geht der Hass, gegen Mensch
und Tier

Und würden wir uns besinnen, wäre das
der unterschied?

Den all der Sinne größter Feind sie waren
stets unter euch.

*Geisterhaft in Gestalt, ruhelos in Gefangenschaft.*

# Die Masken der Menschen

**Die Masken der Menschen**, wie Schauspieler gehen sie daher, Leben nicht echt, das, was sie sagen, es kommt ins Lügenmeer.

**Menschen**, ihre Masken, ständig, haben sie sie auf, voller Angst sie könnten sie verlieren, die Masken, die Masken der Emotion, des falschen Charakters, des Unheils, das verzerrte Gesicht hinter der Maske noch viel schlimmer, schlimmer als alles andere.

**Gerüchte wie ein Brand breiten sich aus**, ein Selbstläufer im Methodenschrank, gefährlich und in jedem Haus, die Menschen glauben, was sie hören, Reden weiter und weiter, die des Teufels Arbeiter, wie empörend, Leben und hinterfragen nicht das vermeintliche Wissen, so gehen sie dahin, ohne Wahrheit im Gepäck, bis es endet, das Spiel im hinteren Eck, Überall alles verbreitet, im Tode unaufgeklärt, freiwillig ohne Wahrhaftigkeit voran Richtung unterem Deck.

**Schaut, wie die Welt sich dreht!**

Wie sie euch verschlingt, ihr es kaum seht

Wie die gescheiterten Stimmen
überhandnehmen

Angriffe überall lauern, an jedem Eck

Die Menschen immer kranker werden.

Süchte die Personen auffressen vor
deinem Auge

Es dich langsam in seinen Bann zieht,

Ein Fuß im Sumpf der Gesellschaft,

Durch die Tür blickend, gen Licht

Doch mit beiden Armen festgehalten

Entkommen …

**Spiel ein Spiel, Schauspielerei,** anerkanntes Lügen im Gesellschaftsbrei, die Menschen leben, was sie hören und sehen, leben danach, bis sie untergehen, die Jugend wird geleitet in eine Zeit der Sucht und Krankhaftigkeiten. Wo ist das Ende in Sicht? Sie machen einfach weiter, ohne Rücksicht auf die Leben der Menschen, egal ob arm oder reicher. Sie gaukeln etwas vor, die Menschen glauben dem Tumor, sie haben auch nicht vor so zu sein, die pure Dummheit und Verlogenheit. Zeigen Ihre Verbrechen oder sich von Ihrer besten Seite. Dabei ist ihr Kopf schon angegriffen, durch die ganze Bandbreite. Ein gefährliches Spiel mit Illusion zerstören sie das Denken der ganzen Generation.

**Der Mensch wird erkennen oder untergehen, leben oder sterben. Die Zeit wird Antwort bringen.**

*Die Flammen, die sich bohren in mein Herz.*

# Schmerz

**Die Nacht** mich schon am Tage trifft und frage mich, wann sehe ich mal wieder Tageslicht?

**Angst, verlasse mich nun**, gehe hinfort, weg von mir. Platz für Neues gäbst du mir, denn Liebe und Vertrauen besuchen mich bald hier.

**Wenn die Zeit, alle Wunden heilt**, wenn die Wunden, deine Wunden es zu verheilen, es vermag, dein sein angegriffen, dein Leben unentdeckt, du schiebst wie versäumt auf deines Weges um gerollt, zeigst wie der Sturm über dem Horizont, dein Leben es zieht vorbei, so schnell es geht, es einzieht sich deinen Augen, deinem Verstand, wo ist es geblieben, Wille zu kämpfen, wo bist du geblieben in alle dem Hier und Jetzt, deine Freude verblasst im Kerker, deine Handschellen versperrt, dein Tun, weggesperrt, durch das Schlüsselloch die Blicke fallen, ohne Hoffnung liegst du da, wo kommt der Befreier deiner selbst, dein wahres Ich, verloren, den Sinn verfehlt.

**Die Stärke des seins**, abhängig und doch allein, das Wesen immer da zur stell, Verzweiflung folgt, der Moment der Befreiung wird dein Sein glaube mir, zeige deine Unverwundbarkeit, doch erkalte nicht, nehme die Kraft aus dem Gefühl, dem Gefühl der Liebe, sie schirmt dich ab und schützt, den keine Macht im Universum ist stärker.

**So vieles existiert**, was vor Jahren unwirklich erschien; so manch einer, zu denen Gehör' ich auch, können immer noch nicht glauben, was geschehen war. Die Zeiten ändern sich, ja, aber es scheint vorbeizuziehen, schnell Liebig, von einem Eck ins nächste, da steht man nun, mit den Zeichen der Zeit und weiß nicht genau wohin mit einem.

**Der Schüler zum Meister**, sagen sie, Herr, was soll ich tun? Der Meister gibt keine Antwort, schenkt nur Hoffnung mit seinem Lächeln, er greift umher, er nimmt ein Buch, die Lehren des Sinns, Fragen über Fragen stellt er sich, nachdenklich über den Lebenssinn geht er hinfort, hindurch, durch des Waldes Wege, ohne Gewinn, da kam ein kleiner Junge, verzweifelt, gedanklich innerlich, was machst du hier? Gefährlich allein im Walde, aber wohin ohne Sinn, fragt er sich, er begriff, jeder auf der Such, ob klein oder groß, einzeln für sich allein, da hilft auch kein Buch! Es ist kein Fluch, aufzulösen, meine Aufgabe es ist, meine Kraft vermisst, Träume, Fantasie, alles in einem, leben und repräsentieren, das eine finden, passend zum Ganzen, dem Jungen Hoffnung schenken, ohne Antwort, so lächelte er ihn an, gibt Hoffnung im Denken.

*Das Leben wieder spüren,*
*Erfahrungswelten erkunden und*
*Freiheit geben.*

# Stilles Schweigen

**Wälder brennen**. Die Wesen rennen, flüchten vor dem sicheren Tod in der Asche, fürchten ums Leben. Wie noch zeigen, das taten, Konsequenzen haben, schweigen als Lösung inakzeptabel, Geld in Blut getränkt, auf armen Seelen, die darunter leiden, wie Menschen ihre Macht ausbreiten.

**Kriege sind Machenschaften**, grausam und kalt, Menschen ziehen durchs Leben, wie Kanonen übers Schlachtfeld. Schüsse fliegen durch den Wind, gleiten übers Land, zum Auslöschen von Wesen konzipiert, laute Explosionen am Horizont, schreie es noch übertönen, Blut und Tränen, die Hymne dieser Zeit, kein Gewinn, nur der Tod erwartet sie. Wo ist der Frieden hin, er ist zerrinnt, aus den Fingern geglitten, eines Kinds.

**Am Rande des Abgrunds**, auf Wegen im Nirgendwo, ein Nebel, grau und undurchsichtig, wie das Leben selbst, ein Krampf im Sein, ein Kampf im Außen, eine Person zersplittert im Inneren, Risse zeigen den gebrochenen, erschüttert und emotional gereizt, nicht er selbst, getrieben über Wege, die nicht aufzufinden sind.


**Wenn ich am helllichten Tage**, mein Blumenmeer im Garten betrachte, ich die Sonne erspüre auf meiner Haut, durch die Baumkrone die warmen Strahlen erblicke und das Gefühl des Friedens außen und innen erfühle, stelle ich mir die Frage, wie lange noch? Wird dieser Frieden sein? Wann kommt die Zeit, in der die lauten Geräusche der Motoren und Gewehre alles übertönen? Die Sonne verdeckt sein wird durch Rauch und Asche, die Farben verblassen angesichts der Gefahr und die Blumen zu Staub zerfallen wie der Staat.

**Blau wie das Meer**, obwohl? Nimmer mehr, Verschmutzung überall, soweit das Auge reicht; tote Tiere schwimmen leblos umher, die treibende Kraft der Wellen, sie bewegen alles Hin und Her. Blau wie der Himmel, obwohl? Nimmer mehr, überall die weisen Streifen der Flugzeuge zu sehen, aufblitzende Lichter, schwarzer Rauch einher mit dem Tod. Blau wie meine Augen, obwohl? Nimmer mehr, ich schließe sie, man sieht sie nicht mehr, zu schmerzhaft, der Anblick war von alledem.

**Menschenfurcht** zeigt ihr wahres Ich; Geld bringt zum Vorschein, was zuvor verborgen blieb. Hass resultiert aus Furcht und das Geld befeuert es.

**Bald schon steigst du auf**, schon bald fällst du, der Boden hart, die Höhe karg, wie wieder oben, so wieder unten, wo bleibst du noch?

**Ich machte die Augen auf, sah hinauf, sah, was vor mir war, machte sie zu, träumte vom nächsten Tag.**

*So mögest du schaffen, mit deinem Geist neue Welten.*

# Erfahrungswelten

**Wenn ich eins lernte**, dann auf das Gefühl zu vertrauen, das einem den Weg weist, der Weg ist nicht immer der einfachste, meistens sogar ziemlich schwer, doch lohnen tut es sich allemal, der holde Traum, die Fantasien im vollen Raum, dies zu leben, in der Wirklichkeit, dazu ist kaum jemand wahrlich bereit. Dein Herz ist der Ankerpunkt in deinem wirren Gefilde der Emotion, sich leiten lassen, Vertrauen haben, ist schwerer als gesagt, die Möglichkeit besteht, ergreife sie, lass alles stehen und liegen, denn was bringt der größte Erfolg, wenn am Ende das wahre Glück ausbleibt.

**So bringe Liebe in die Länder**, so zeige dich im Rampenlicht, lebe dein Leben mit Zuversicht. Dein Sein unendlich, mit dir im Gericht, deine Taten tragen, bis die Sonne am Himmel steht, die Wahrheit das Wichtigste und doch so fern, so zeige dich im Rampenlicht, lebe dein Leben mit Zuversicht.

**Und wenn ich's dir doch sage**, sei bitte du selbst, alles andere, wäre dir nicht recht, so bitte nicht, denn in der Welt, gibts schon genug, leben das nicht hält, hab' vertrauen, in dich, in mich, in die Welt nach dieser hier, Zeige dein Licht und auch wenn es manchmal unangenehm ist, Glaube mir, die wird nichts geschehen, wenn du im Vertrauen bist und für das richtige lebst, achte auf deine Worte, liebe, liebe das was dir am nächsten ist und wenn ich's dir doch sage, sei bitte du selbst, alles andere, wäre dir nicht recht, so bitte nicht, Vertraue mir, glaube mir, die Zukunft wird eine andere sein, die Welt, die Wesen, werden andere sein, so wie du so wie du werden sie sein, auf Pfade der Richtigkeit, mache nicht den Fehler aufzugeben, das wäre nicht recht, deine Aufgabe ist eine andere, eine andere, sosehr du verzweifelst, gebe niemals, niemals auf und wenn ich's dir doch sage, sei bitte du selbst, alles andere, wäre dir nicht recht, so bitte nicht.

**Wenn die Zeit vergeht**, die Welt sich dreht, die Menschen in ihrem Denken gefangen sind, ist die Formel für Glück, die Liebe ganz allein, die Liebe in uns, sie verbindet einander, ein unzerstörbares Band, es hält auf ewig, ein Gefühl in uns, das schönste überhaupt, wir spüren einander, das wichtigste ist die Liebe, sie zeigt uns den Weg, den Weg, den es zu gehen gilt, nichts als die Liebe ist es wert, dafür zu kämpfen, um auf ewig zusammen zu sein, Freiheit zu sein wär man ist, die Freiheit zu lieben, die Einsamkeit zu überwinden, als Familie zusammenzustehen.

*Die Liebe, sie ist der einzige Grund zu leben und der einzige Grund zu sterben.*

# Verschwommene Liebe

**Eine Lücke für Gefühle**, für Liebe kann nur gefüllt werden mit ebendieser Art. Die Menschen jagen nach Glück im Außen, jagen nach Liebe, schaut und horcht in euch selbst, entdeckt die Selbstliebe und füllt diesen besonderen Platz mit dieser.

**Immer wenn wir uns sehen**, fängt mein Kopf an zu drehen, meine Gedanken, sie flüchten, kein Wort fällt mir ein, meine Knie werden weich, mein Herz ruft nach mehr, mein Kopf ist fassungslos, ich liege in der Schwebe, an einem Ort meiner Träume, sehe und fühle nur noch dich. Ich frage mich, wie lange noch, dieses Gefühl bleibt, ich fühle mich so stark und so schwach.

**Ich hab' Gefühle für dich**, ich mag dich wohl sehr, immer wenn du vor mir stehst weiß ich nicht so recht was zu sagen ist, bin nervös und angespannt, so geht, dass schon die ganze Zeit und nun endlich ist es raus, mein Frieden wieder hergestellt, es tut mir leid, was geschehen ist, schmerzt mir selbst ungemein, meine Gefühle drängten mich zu diesen Taten, als ich dich einst sah, wir hatten die stille zwischen uns, dabei verstanden wir uns damals doch so gut, wo ist die Zeit nur geblieben, mit Freude und lachen …

**Meine Liebe wird niemals schwinden**, auch wenn die Person meiner Liebe noch nicht auftauchte, verbunden wir sind dennoch, den der holde Traum, er wird in Erfüllung gehen, zum rechten Zeitpunkt, des

Schicksalswege sich kreuzen und in einem Weg sich enden.

**Es mag Schicksal sein**, dass wir uns begegneten, leise zieht sie vorbei, ich spüre es in mir, Brücken bauen für uns, unsere Hände berühren sich, wir sehen unsere Augen, spüren unser Herz, die Liebe in uns wohnt und die Erfüllung unserer Träume, vertrauen in uns, in die Zukunft, draußen auf der Brücke die aus der Einsamkeit hinausführt, die Berührung des Herzens, ich sehe dich und du mich, fühlen einander, unsere Hände greifen nach unserem Herz, wir springen auf und ab, implodieren in der Überschwemmung des Gefühls, eine Strömung die mich fortbewegt, mein Stehvermögen abnimmt, taumle in der stehen gebliebenen Zeit, atmen für den anderen, schnappen Luft, ich zeige dir meine Welt und mir deine, also gehen wir?

*Wir lebten in zwei verschiedenen Welten, bevor wir uns eines Tages trafen; die Zeit, die uns zu neuer Blüte verhelfe, fehlte ungemein; da standen wir nun auf zwei Ebenen, hören uns nicht, sehen nicht.*

# Am Bach im Tal

**Wie die Rose am stillen Bächlein** unterzugehen beginnt, die Zeit um uns zu stehen gebracht, stehend am Wasser blickend gen Himmel, wie die Blicke aneinander vorbeilaufen wir sehen uns nicht, wir lieben uns, sagen nichts, im Morgenschein des nächsten Tages, das Wasser in Bewegung, so verließen wir uns, unsere Hände sich nie berührten, der holde Traum, er geht zu Ende und die stille, sie wird weiter sein.

**Die Zeit nicht mehr läuft** am abendlichen Wasser, sitzend am Ufer zu zweit im Schein der untergehenden Sonne, meine junge liebe, wie sehr hab' ich dich vermisst, ich sah das Glimmern im Meere, es war nur halb so schön wie sie, doch mit dem Untergehen der Sonne verblasste der Schein, stille kehrte ein, unsere Blicke trafen uns, doch wir sahen nichts, die leere, sie breitete sich aus, durchströmten den Raum, in dem wir waren, wie hab' ich es vermisst.

**Die Zeit naht**, das Leben schreit, die Liebe brauchen deinen Rat, so kostbar nah du dir selbst, zeige, was in dir steckt, sei dankbar für das, was bist, dankbar für das Leben, das dir gehört, zu sehen, wie die Liebe wieder aufersteht.

**Wenn ich wüsste, was uns zum Zweifeln bringt**, ich sagen könnte, wo es hingeht, das Leben mir zeigt, wo es lang geht, im Schicksal zu Hause, den Gefühlen hinterher, so sehe ich aus in meinem Inneren, sehe die Welt um mich herum, habe das Gefühl der Leere in mir, Fühle mich so stark wie noch nie, die Zeit naht, das Leben schreit, die Liebe brauchet deinen Rat, so kostbar nah dir selbst, Zeige was in dir steckt, wenn sie schweigen, die stille erschlägt, die Wärme fehlt, gehe voran zusammen, mit den Menschen, die dir wichtig sind und glaube daran, dass es besser wird, Vertraue darauf, das dein Schicksal in Erfüllung geht, wir kämpfen bis zum Schluss, der Neuanfang kommt früh genug, die Zeit naht, das Leben schreit, die Liebe brauchen deinen Rat, so kostbar, so kostbar na du dir selbst, Zeige was in dir steckt deine Seele rein und klar, deine Intention immer wunderbar, Aufrecht und Ziel getreu, gehst du durchs Leben und zeigst wie es soll, beschützt durch deine Lieben, Unterstützung gewiss.

**What happened between us**, we hushed up the silence around us, we see each other but look through it, the world turns away from the situation on our part, the feeling is lost in the stream of secrecy, pain as a constant companion, we live on and try to be the friend of happiness.

*Ein Zuhause hat man dort, wo die liebsten sind.*

# Die Wege, die ich ging

**Die Wege, die ich ging**, sie waren unberechenbar, ich bin dankbar, trotz Schmerz und Wunden ging ich immer weiter, dankbar bin ich, für alles was mir geschenkt, so bekam ich das Leben und all das, was man brauchte um es zu beschreiten, nicht immer was ich wollte aber alles zur rechten Zeit am rechten Orte.

**Stürme ziehen vorbei**, wie die Zeit selbst, wie das Leben, das einhergeht mit den Herausforderungen eines selbst. Der Wind bewegt sich übers Land, rasend schnell und mit bedacht. Schwerste Zeiten vorübergehen, so wie Zweifel Abschied nehmen, lasse dich vom Wind tragen, er wird es dir sagen, lausche den Blättern im Winde, horche in dich hinein, du allein bist es, der sagen kann, der Sturm ist nun vorbei.

**Eines Tages, nimmer mehr**, werd' ich leiden, nimmer werd' ich beweisen und nimmer mehr aushalten, eines Tages breche ich, ich breche heraus aus meinem Platz, hier, wo ich bin. Sobald ich weiß, wohin mit mir, ich kenne nur diesen einen, meinen Platz und auch diesen nimmer mehr, ich habe mich an diesem Platz verloren, wer oder was bin ich? Wo und wann wurde ich mir selbst geraubt? Ich war damit einverstanden, diese Bühne, meinen Platz, ich wollte ihn so sehr, all das, was wichtig schien, verblasste angesichts dieses Platzes, dabei tut dieser mir nicht gut, verlor mich an gescheiterten Stimmen. So gehe ich nun bald hinfort, weg von hier, hoffe, dass dies noch geht.

**Manches bleibt**, vieles geht verloren, im Schatten einer Gasse, einer Abzweigung, zwischen hohen Gemäuern, man sieht den nassen Boden, die Sterne am Himmel als Boten, alle Türen verschlossen und dort hinten in der Dunkelheit ist vielleicht eine Sackgasse verborgen. Spieglungen des Lichtes zu sehen, Katzen laute zu vernehmen. Der Regen fängt wieder an zu nieseln, über deinem Schirm.

**Grenzen im Nirgendwo**, sie sind meist unantastbar, eine grenzenlose Kraft, unerschöpflich schien sie zuletzt, manchmal fühlt man sich unaufhaltsam, nichts schleift einen aus der Bahn und doch passiert es von Zeit zu Zeit, die Ernüchterung, die Schwebe in der Leere, unwirklich kommt sie daher, Höhen und Tiefen sind mein Zuhaus, so hoch oben, sieht man umso mehr, wie tief es nach unten geht und war man erst einmal in der Höhe, so will man schnell wieder herauf, das ist das Leben.

**Die Maske fällt**, wenn ich bei euch bin, im Zuhause, das meiner Seele gleicht, den Menschen in meinem Herzen, die sind und immer waren, an meiner Seite stehen und gehen, wann und wo ich sie brauchte in all den Jahren, ich für sie und sie für mich lebten, im geschlossenen Kreis wir schwebten und strebten nach Glück, wahrhaftig verbunden in Wärme und Liebe, ein Meisterstück.

*Freiheit ist durch nichts zu ersetzen, nur du allein hast die Macht, dich von allen Zwängen zu befreien.*

# Wolkenfrei

**Wir alle sind Sandkörner, getragen von den Wellen des Meeres.** Fortwährend Steine, die durch Erfahrungen wachsen und zu Diamanten geschliffen werden. Trotz immerwährenden Herausforderungen sehen wir die Welt mit hoffnungsvollen Augen. Die Weichen müssen wir stellen, den Weg bereiten, den wir gehen werden. Und sollte auch das Leben mit so manch einer Tücke sein, ein Kieselstein auf Straßen sich zum Feind erkoren. Wird der Mensch sich dem erheben und weiter nach dem Leben trachten. Des Lebens größter Zauber wird nie vergehen und alle Sorgen sind Vergangenheit, jener, der es vermag, sich seines Glückes zu erfreuen, dessen Schmerz zu bereuen, wird den Zauber erhaschen und vom eigenen Leben träumen.

**Wolkenfrei ist dieser Mann**, er geht mit dem Wind, lässt sich nicht fallen. Hat den Blick nach unten und doch soweit oben, fliegt über das gewöhnliche Leben, so frei wie eine Wolke am Himmelszelt.

**In einer Welt voll Licht und Glanz**, voll Weis und der Heiterkeit, bestimmt in der von Schicksals wegen, zusammengeführt. Wasserfälle, soweit das Auge reicht, in der Schwebe zu Hause. Inseln, grün und frei, ragen Richtung Himmel, ragen zur Sonne hin, die Natur strahlt, ist mein Weg. Das Leben fühlen, Geist frei, schreite fortan hierüber in sein.

**Die Wellen spiegeln**, sie sind so stark, so schwach, klein und groß, kräftig sowie lasch. Mal schnell, mal langsam. Bringen

Informationen übers Meer. Spiegeln, die Sonn, glänzen und scheinen, in der Flut zerstörerisch, in der Stille verblasst. In der Ruhe schwappt sie leise daher, am Strand zurück, nach Hause gekehrt.

Der Himmel über mir, ich sah ihn oft und wenn ich ihn nicht erblickte, so wusste ich doch, er ist da.

Selbst die Zeit hat nicht die Kraft, dies zu ändern, so ruhig.

Die Welt möge sich verändern, die Menschen tun es gleichermaßen, jedoch der Himmel ist gleich.

vom Wind geleitet, nicht von Menschen bestimmt, folgt er seinem schicksalhaften Weg.

Die Freiheit, die man einst erlangt, ich werde sie, wie der Himmel, spüren und es ihm gleich tun.

**Die Freiheit ist durch nichts zu ersetzten.**

**Im See der Kühnheit** schwimmen eine Handvoll Leut, wenige und doch leisten sie so viel mehr; so manch einer sitzt auf der

Erde, schaut nur zu. Lebt sein Leben im Dauer Zug. Viele hören nur davon, nur schlechte Botschaft, leben ihr Leben im Dauerlauf, ein Lauf Richtung ungewiss.

**Ruinen, Ornamente, Monumente**, einer längst vergangenen Zeit, in vielen Köpfen schon vergessen, die Basis all dem, was heute zusehen, es gibt. Menschen bewahren alte Geschichten, Werke und Legenden. Die Erfahrung schlägt zu, man möchte meinen, diese Zeit ist niemals zu Ende gegangen; Spuren ziehen sich durch alle Epochen. In allen Bereichen, allen Themen von heute, Gemeinsamkeiten erforschen.

*Jede Reise geht zu Ende,
doch an jedem Ende wartet ein
Neuanfang.*

# Eine Reise

## Meine Reise in ein fremdes Land

Sich Bewusstsein zu schaffen, für die Menschen, die dort leben, für die Gemäuer, die vor einem stehen, so Human in Beige, voller Kreativität umhüllt mit Natur, die Ruhe auf den Straßen, streift man die Nächte durch die Gassen der Stadt, die Lichter strahlen und die Gelächter hallen durch die Gegend. Emotionen folgen Schritt für Schritt bis nach Hause und ein Teil von einem wünsche sich, noch immer dort zu sein. Freiheit, aus dem Alltag herauszubrechen, für kurze Zeit zu fliehen, mit dem Gedanken, das kann nicht ewig gehen.

**Die heutige Zeit, in wenigen Worten, verfasst sogleich,** wachsam sein, in dieser Zeit ein absolut, so viel gesagt und noch mehr, es ist genug, hören und sehen all die Fragen, die Antworten lassen auf sich warten, Informationen über das Leben und Tod geteilt, verstreut, wahr oder falsch, das sehen wir morgen, vielleicht schon heut.

## Höhen und Tiefen, mein Zuhaus

An manchen Tagen, da fühl' ich mich unruhig, belastet durch innere Gefühle und äußere Probleme, man liegt vor sich hin, vegetiert, auf einmal, ist einem vieles egal, man fängt an unkontrolliert etwas gegen diese scheinbar nicht aufhörende Gefühlslage zu unternehmen, die einen geistig und körperlich gefangen hält, eine schwere die dich nach unten zieht, wo ist das Tageslicht? Wenn man den Schlund in die Tiefe, vor einem sieht. Wie ein Schleier, der sich um einen legt. Verschwendet seine Zeit mit Konsum und Eitelkeit. Sieht das Wichtige nimmermehr, verschließt die Augen vor dem Ziel. Wartet ab, verzweifelt das sich etwas von ganz alleine tut, doch das ist nicht gut, du musst deine innere Kraft wieder entdecken, deine Energie manifestieren, aufstehen und hinausspazieren, hinaus raus aus dem Loch, das du selbst dir schufst, denke an das was ist, an das, was du hast, für das es sich zu kämpfen lohnt, dein Leben zu bestreiten immer weiter nach vorn zu blicken, nicht abzuschweifen, konzentriert dein Blick auf das Ziel zu halten.

**Das Leben ist das Leben.**

Da seh' ich die Fehler meines Lebens, die Resultate aus den Entscheidungen meines Egos, sehe die Menschen, die es betrifft, nicht nur mich, spüre dir die Gefühle in mir, an Tagen wie die, an denen ich denke, über die, Zeiten, die ich verlier' ja die Zeit, die ich verlier', Erinnerungen verschlucken wir, gehen immer weiter Richtung Nebel, die Gleise neu stellen, wo ist der Hebel? Fehler wieder auszuheben, einzugestehen, weiterzugehen, Mensch zu sein, sich niemals aufzugeben, Verbesserung anzustreben, mein Verhalten überdenken, nicht dagegen stehen, das ist ein, mein Ziel. Immer weiter Richtung Nebel, die Gleise neu stellen, wo ist der Hebel? Fehler wieder auszuheben, einzugestehen, weiterzugehen. Sich neu entfalten, zu sich halten, Freude verbreiten, sich von der besten Seite zeigen, wahrhaftig bleiben, das ist das Wichtigste zum Leben und Seelen heilen.

Immer weiter Richtung Licht, die Gleise beibehalten, der Hebel umgelegt, Fehler wieder auszuheben, einzugestehen, weiterzugehen, weiterzugehen.

*Versunken im Nebelmeer.*

# Herzenswunsch

**Ich sah dich, meine stille Liebe**, weiß wie der Mond am nächtlichen Himmelszelt und doch in so manch Situation farbig wie die Sonne am Abendgang, sitzend auf der Bank, nimmer mehr wissend, warum überhaupt, dein Lachen schlägt Wellen über das Meer, wie gern hab' ich es gesehen, nimmer mehr, es ist wohl zu spät. Und wenn ich mich so gleich an eins erinner, dann wohl deine Lachen, die wie Engelslaute ertönen am blauen Horizont, so seh« ich dich und werd' ich immer, in meiner Erinnerung.

**Im Sommer ein Land zu bereisen**, in sich aufzunehmen, die italienische Luft am Abendrot, auf dem Balkon, der mein Herz abholt, die Häuser zusehen, in Beige und alt wie die Zeit selbst, hängende Kleidung wie ein Bogen über den Gassen, im Winde verweht, die Sonne strahlt immerwährend, über all jene auf den Straßen, die gehen in ihrem Leben, mein Herz pocht und ich hofft, dass wir eines Tages wiederkehren.

**Die Flammen am Felde**, vom Winde getragen, die Funken fliegen, die sich bohren in mein Herz. Die Zeichen deuten, die Glocken läuten, Zeiten schwinden dahin. Die Wolken ziehen daher, wo mein Herz mich hinträgt; die Sonne strahlt so sehr. Mein Weg hier endet, mit einem Schritt zuletzt, die Richtung bestimmt, so hoffe ich.

**Ich werd' nie vergessen**, wie du mich ansahst in dieser Stund, in diesem Flur. Eine Welt zerbrach in meinen Augen und bei dir wohl ebenso, Fehler zeigten sich an diesem Orte und Klarheit schien in deinen unausgesprochenen Worten. Ein Schein zu bewahren, eine Vergänglichkeit zu hüten, wie soll man sagen, ich dachte, wir blühten, ich kann nur klagen, über all das, was geschah, denn der Wunsch blieb aus, ich wünschte, er wär da.

**Die Frage**, ich würde sagen, sie ist ziemlich wichtig, was du zu tun gedenkst, wenn deine Wahl langsam erlischt und du stehen bleibst, deine Chance vergeht, die Entscheidung langsam in ihrer Phase am Ende steht.

**Das Wasser im Fluss**, die Natur nimmt ihren Lauf, Strömungen Richtung geradeaus, reißen alles mit, fließen an jene Orte, die sonst verbogen blieben, Entdeckungen, die bleiben, im Herzen, in der Seele. Zeigen dein Bestreben zu leben, Geräusche am Horizont, über das Meer ziehen sie daher, bald angekommen, die Quelle der Welt.

**Der Brunnen**, leise plätschert das Wasser, klar und rein, so unbestimmt fliest es zusammen. Macht die schönsten Laute, wie Musik ertönt es in meinen Ohren. Die Ruhe gewonnen, einen kurzen Augenblick lang, zu vergessen, was einem Tag für Tag diese Stimme sagt.

**Your my Falling star**, from where you are, My finest find in My Life, the ways of emotions i didnt mind, so much of all this things, so happy about. Two worlds collide in this days, the thinking about feelings of two, i hope, its not a Trap, so please Fall on me.

*Von allen Blicken getrennt,*
*die von aller Meinung getränkt.*

# Erwachen im Labyrinth

**Der Herzenssinn**, er holt mich aus meinem Versteck, der sechste Sinn im Leben, irreführend durch ein Labyrinth, am Ende wartet nicht das Ziel, der Glaube an das, was bleibt, erlischt niemals.

**Liebe ist unverzeihlich** und es lohnt nicht, um Verzeihung zu bitten; entschuldige dich im Herzen für das, was nicht zu entschuldigen ist.

**Die Träne**, wie sie über deine Wange läuft, geleitet vom Schmerz, der in dir wohnt, dieser kurze Moment, an dem alles zu brechen droht, ich dich nur noch in den Arm nehmen wollt, den Puls deines Herzens in mir schlägt, deine Absicht, sie ist so grob, ich dich fühle und dein Verbot, das Gesicht, ich werd' es nicht vergessen, es sich brannte in mein Herz, meine Liebe geschenkt an diesem Tage, wiederholt in so vielen Fragen, die mich quälen Tag für Tag, wann wird die Träne finden, wonach sie sucht.

**Und die Zeit** ist schon längst gekommen, auch wenn ich sie verpasst haben sollte, so werde ich dennoch sagen, was ich im Herzen trage.

**So seh' ich das**, was vor mir schwebt, mein erwecktes Herz lebt, seh dich hier, bei mir, die Augen, die mir verraten, warum ich da zu Hause war, wiederentdeckt, was es bedeutet, auf einmal alles klar.

**Du selbstgerechter Mann**, wie du gehst, so du denkst, immerwährende Kraft, die langsam zugeschnürt, dein Weiterbestehen gefährdet in all dem Chaos, das dich umgibt.

**Viele Monde sind vergangen**, hinunter geflossen ins Nebelmeer, verschwommen in meinen Augen, wo ist die Zeit geblieben und wo kommt sie her. Wenn ich könnt, so würd ich gern, aber es liegt nicht in meiner Macht; sie schwimmt mir weg und ich bin nur noch in meinem Versteck.

**Ich möchte es nicht meinen**, ich wüsste nicht wie, es zu wissen ist wohl nicht möglich, nicht in dieser Form, die Antwort bleibt aus, bis die Ferne erleuchtet wird. Wenn wir uns sehn, so wird hoffentlich Klarheit entstehen.

**Wenn mein Körper nicht mitspielt**, so denke ich, ist die Zeit gekommen, jedoch passierte es schon öfters, aber zu Ende ging es nie, ich frage mich, weshalb dies mit mir geschehe, doch bleibe ich bestehen, ich in der Stille verbleibe, kurz in mich gehe.

**Wenn ich doch nur wüsste, was Liebe ist**, sie am helllichten Tage zerbricht und ich mich frage, warum ich, ich der sein muss im Dunklen des Lichts.

**Die Tränen fließen ins Tränenmeer**, ich will weg, den ich ertrinke, langsam. Du kamst und ich blieb, deine Augen erzählen mehr als alle Worte. Keine Erklärungen mehr, meine Selbstverliebtheit tut so weh. Vom Stolz getragen, auf Grund gelandet. Wer gibt mir die Hand?

*Einen leeren Raum, den bestell' ich mir, den in diesem, ich so bin wie ich, fernab jeglicher Kritik.*

# Meine Lichtung

**Ich trat ein**, in das umgekehrte Meer des Verstandes, ich sah die weißen Tauben, die tränengefüllten Augen, ich spürte meinen Weg, durch das Riff, das langsame Gefühl das für immer bleibt, freilich die ergreifenden Sandmauern, versunkene Gedanken, ich lief über den Boden der Ewigkeit, verschmolzene Erinnerungen fortgetragen vom Winde des befreienden, die erhobenen Ketten werden bleiben und mich fesseln bis zum Tage meiner Flucht, die mich halten, werden zehren, ich werde mich so ich hier steh, schwer mich erwehren, meine Träne fließe, ins unendliche Meer.

**Fortan des Mutes** der frühen Gegenwart, des Ungetüm größter Narr, wird verschwinden, wie die holde Kraft, im Nebel der vergessenen Unterwürfigkeit einher fallen und die Dunkelheit erschafft.

**Was ein Anblick**, was eine Schmach, dass wir gefangen in dieser Stadt, wobei die Welt so groß erscheint, all die Ketten, all die Not, des Schmerzes weiter tobt, der Schein so grob und doch besser als der Tod.

**Was eine Unverfrorenheit**, was ein Spiel, wenn ich dir sag, du verhieltest dich falsch, all jenes wurde von dir begannen und weder von mir noch vom Rest, dein Gleichnis sitzt tief in deinem Gericht und wird begutachtet deiner selbst.

**Ich sehe den Auftrag** eines großen Herrn, eine Gravur im Stein, eine Geschichte aus einer längst vergangenen Zeit, auferlegt des Schicksals Stufen in die andere Welt, die Inschrift des großen, in den heiligen Hallen, eine Zeitenwende der unteren Erde, die Wandlung des Gefangenen einer kalten Welt, zur Befreiung zum zeitigen Orte einer Friedensnacht.

**Die nächtlichen reisen,** die ich unternahm, brachten mich an ferne Orte, die ich zuvor nicht vernahm, eine Befreiung aus den Trümmern der Vergessenheit, ich sah die Blüte des unendlichen Lebens, mein Geist erquickte sich an diesem wohligen Gefühl des nie endenden, es war ein Traum, der gerne Wirklichkeit hätte sein dürfen, vielleicht ist er es, wenn ich nur fest genug daran glaub, auf jeden Fall träum' ich weiter, um das Leben besser zu verstehen und lege mich nun wieder zurück zu Ruh.

**Die Tage vergehen** immer schneller und ich bewege mich hindurch; der König ist gefallener dieser Welt und die Bauern trampeln den Boden unter ihren Füßen weg. Die Zeiten sind schon lange vergangen, in denen ich verstand, was hier geschieht, ich verstehe es, aber ich möchte es nicht glauben, was ich sehe, das Blut auf den Straßen wäscht kein Wasser wieder ab, die leeren Gestalten treten mir die Türe, der verheerende Krieg wird fortbestehen und ich werde daneben stehen

**Der Wahnsinn** treibt sein Unwesen im Kleid der Unscheinbaren und die wahrlich Kranken schmücken sich mit Lob und Ruhm, damit nicht auffällt, wie tot sie doch sind.

*Der größte Verlust meines Lebens war etwas, das ich nie besaß.*

# Eine Wanderung

**Der trübe Morgen**, er schließt mich ein, in mein Zimmer, ich werde alleine sein, der Nebel verdeckt, ich fühle Sehnsucht nach dem befreienden Licht, niemand mehr versteckt, da liege ich.

**Das immerwährende Leid** in dieser Welt ist zu erklären, wenn man erkennt, dass der Mensch sich seiner Natur entzieht; damit meine ich die Ernährung, die Denkweise, das Bewusstsein. Der Mensch aß Pflanzen und doch frisst er nun Fleisch; der Mensch lebte friedlich, nun führt er Kriege und das aus dem Grunde der Denkweise, die verdunkelt wurde; das fehlende Bewusstsein ist das Kriterium, an dem wir den Niedergang einer Zivilisation messen.

**Mir scheint**, der Mensch verstand nicht die Wichtigkeit einer reinen Gedankenform, denn nur diese vermag es, jene anzusprechen, die wahrlich reich an Seele sind. Ob gleich die Bedeutung dieser, dem Träger der Reinheit, wohl wahre Verbindung schafft, so werden jene im Auge des Unverstandes Zwietracht sähen.

**Waren es nicht einst die Menschen**, die mit der Aufgabe betraut wurden, all jene Geschöpfe zu achten, ihnen mit dem nötigen Respekt entgegenzutreten, sie zu lieben und Schutz zu bieten? Jedoch zeigten, welchem Herrn sie wirklich dienten, nicht dem Liebenden, nein dem hasserfüllten, so steht es schlecht um die armen Seelen, wenngleich diese einst selbst entschieden, welchen Weg sie fortan gehen, den Weg direkt in die Niederungen. Ihres eigenen Peches Schmied waren sie, so wird ihr Unglück sie nach dem Tode ereilen und lange Zeit dort verweilen.

**So schwindet jener**, der es nicht unterlassen konnt, seines Geistes schlimmster Hass zu nähren und ihn entgegenbrachte, jenem Opfer seiner Niedertracht.

**Es sind unsere Gefühle**, unsere Gedanken, die uns zu dem machen, was wir sind; aus ihnen entstehen unsere Handlungen, unser Charakter. Gefühle zu verbergen wäre wie, sich selbst zu verletzen und schlechte Gedanken zu hegen, wie sich zu vergiften.

**So war ich einst**, so war ich mehr, die Menschen standen hinter mir, meine Pflicht sie zu führen, war mir in die Wiege gelegt, so dachte ich, ich verlor, was ich nie besaß, warum tat es so weh? Eine Gerechtigkeit der großen Hüter, eine grauenvolle es zu heilen, die mir einst sagten, so war ich einst ein schwacher Narr, der sich verführen ließ von großer Macht, der Schein verflog in einer Nacht und ich begriff, dass wahrer Mut daraus macht, wie der Tag hereinbricht in voller Kraft, ich nicht bin, wie alle sagen, nur an der weißen Wand ich stand und ein Bildnis darauf malte.

*Als ich mich verzog, in meinen Geist, schien alles andere unwichtig zu sein.*

# Gedankengut

**Als ich mich verlor**, in meiner kleinen Welt, hat es mir alles bedeutet, sichtbar vor den Augen jener zu stehen, die mich ihres Blickes Wertschätzung ereilte, für das Geliebt, das verkörperte, welch unbändiges Verlangen ertönte. Die Augen sahen eine Gestalt, die nicht meine war und verliebten sich in jenem Bildnis meiner Unvernunft, wie beschämend meiner Lebenslust, des langen Abends Überdruss, so werde das Bild die Realität, zu entfliehen ich nie imstande war und möge mich vielleicht jemand befreien, sich aus dem Schatten emporheben, der es vermag, mein Spiel mit einem Blick, zum Erliegen es zu bringen.

**Es zeugt von Edelmut**, jemandem die Wahrheit zu unterbreiten, obgleich er diese nicht hören oder verstehen will, jedoch vermag es nur diese Wahrhaftigkeit zu berühren, des Herzens größter Schatz.

**Kriegslüsterner Mensch**, wer verfluchte dich von Zeit zu Zeit? Welch ein Zorn heraufbeschworen von so niederer Natur, diese Schmach wird dich verfolgen und nach dem Tode hallen, in den Räumen deiner Welt, du Narr, dessen Leben am Faden derer hing, die des Lebens größter Feind sie waren. Wo war dein Geist, wo dein Herz, als du beides verwundetest und jene verkauftest? Nun wird dich ereilen, was rechtens ist, nicht von dieser Welt, nicht von dieser Macht, nur allein deine Kraft, dein Verhängnis, sie für dich dein Urteil schafft.

**Verwandelte** sich in den Schrecken seiner selbst, aus jener Nacht entsprang das Verlangen, dass nicht aufzuhalten er gedacht und doch jeher voller Kraft, des bösen Spiels ein Ende gesetzt, lebt es dennoch fort und starb vor meinen Augen, dass Blut erstarrte, die Augen seiner selbst trübten sich im Anblick meiner Gegenwart. Ich verlor an diesem Tage den Verstand, der mein Zuhause war und jenes Wesen verlor sein Leben vor den Augen eines leblosen.

**Ich am Abend am Tische saß**, in das Glas schaute, das Wasser trübte in ein tiefes Schwarz und ich trank, obwohl nicht gewollt, doch spürte kranken Drang mehr zu nehmen als gesund, mehr noch ich trank, was zuvor schon schien, als ob es schmerzt und doch trank ich weiter in der Hoffnung es würde von allein aufhören sobald, jedoch lag es an mir und ich tat es nicht, was mir gelegt es wurde in meinen Schoß, ich saß am Tische, der sich verformte, in ein tiefes Grau und jede Pflanze verwelkt, ich sah aus dem Fenster und erblickte nur leere Kraft in Ruh der dunkelsten Nacht. Ich erstarrte, mein Körper gehorchte mir nicht mehr und so schied ich dahin, hätte ich doch nur einmal Farbe gesehen.

**Ein Grenzgänger zu sein**, ist die schwierigste, wohl aber doch die wichtigste Aufgabe, die jeder wahre Mensch in sich trägt. Man vermag die Luft zu schmecken, die auf der anderen Seite ruht, die Rufe des Friedens zu hören, voller Wagemut. Dann weiß man, es ist spürbare Freiheit, nur noch ein Schritt entfernt. Auch wenn jene Zwietracht sehen und sie dich nicht verstehen, dich verlangen, wie ihren Schmerz, ihre Gesichter verziehen, sie wollen dich am Boden sehen. Sie können dich nicht fassen, dich nicht holen, du bist so weit entfernt und sie alleine in ihrer kleinen beschränkten Welt.

*Und die Zeit ist schon längst reif für diese Zeilen.*

# Veränderung

**Doch auch wenn sie lebt**, die Tugend in den Menschen, so zeigt sich zum wiederholten Male, die Absurdität einer gewieften Haltung zu dieser, nach ihr zu leben ist ohne Zweifel tugendhaft, wenn aber gelebt wird, aus der Meinung heraus, man würde besser, so sage ich, er stehe am Anfang.

**Moralität wäre eine Sache**, die einzuordnen ist, in die Gedankenkraft einer neuen Welt, wenn sie scheinbar ausgeführt und zugleich eine verheerende Wirkung zeigt, folglich ist die Welt dem Untergang geweiht.

**Die Affinität** derer, die sich einer Gruppe zugehörig fühlen, wird keine austauschende oder gar erhellende Wirkung auf seinen Betrachter haben, noch zum Wohlbefinden beitragen, dieser Mensch steht nicht für sich, er wird getragen durch eine Meinung, die nicht seinem selbst entsprang.

**Niemand, der es für nötig hält**, zu sein, wär er nicht ist, sollte danach streben, besser zu werden, als er jetzt ist.

**Und wenn du wirklich der bist**, der du zu sein scheinst, so seh' ich die Verlogenheit in deinem Gesicht, das strahlende Licht, das einen Schatten birgt. Davon getragen von Gleichgültigkeit, stehst du nun da und denkst, was hab' ich nur getan?

**Es gäbe die Tugend**, nach der gelebt werden sollte, sie verbindet die positiven Eigenschaften und das Gedankengut einer neuen Welt, eine Art von Verhalten, während dieser Zeit auf Erden, etwas Seelisches und geistiges, eine Haltung zu den Dingen, es könnte sich bemerkbar machen, in der Wahrhaftigkeit und der immerwährenden Idee eines vollkommenen Menschen durch die Ausführung dieser. Die Tugend als Auftrag und Heilmittel der Seele, zum stetigen Wachsen des Individuums ausgeführt, ist es verbunden mit Vernunft. Wir können uns tugendreich verhalten oder im Ego verbleiben; eigentlich gibt es nicht eine Tugend, sie teilt sich auf, der Mensch hat schließlich viele Verhaltensweisen. Vor allem die Stärke zu haben, sich immer moralisch zu verhalten, auch wenn sich Hindernissen in den Weg stellen, die dich zum unmoralischen Bewegen wollen.

**Ich werde mich nicht entschuldigen**, denn die Schuld, die trägt jemand anders, wiedergutmachen, kann es nur sie allein, ich werde deine Unterstützung sein.

**Dieses trügerische Licht**, die falschen Propheten und all diese Menschen, mit ihren unklaren Worten und den hasserfüllten leeren Gedanken, wie sehr sie mich verhöhnen, der Sieger steht in den Sternen, stand er immer, er kann nicht herunterholt werden, wenn dann kommt er freiwillig hinunter.

**Im schwersten Moment fühle** ich mich leicht und frei, alles wird so einfach, dieses Gefühl ihn mir … zuletzt erblicke ich so viel, so klar und zu formulieren fällt mir einfach wie noch nie.

*Wenn die Blicke doch nur schweigen würden.*

# Verletzlichkeit

**Ich weiß nicht, irgendwas in mir, will mehr als dieses Spiel**

**Der Mensch ist ein zerbrechliches Wesen**, schon ein Windschlag reicht aus, um ihn zum Wanken zu bringen; wie sehe es dann erst mit einem Sturm der Gefühle aus? Doch manchmal können sie Kräfte mobilisieren, die zuvor im Verborgenen blieben.

**Wir spielen ein trauriges Spiel**, ich mag dich, doch kennen tu' ich dich nicht, auch diese Verschlossenheit, die Mauern scheinen unendlich groß, wann werd' ich wissen, Gewissheit haben, dass du die Person bist, die ich sehe am Morgen.

**Ein Konstrukt der Realität**, das du selber schaffst, die Wahrnehmung deines Selbst umgedacht und so probiere zu verstehen, dass alles Falsche, es muss gehn.

**Wie gern würd ich deine Stimme vernehmen**, doch es ist wohl zu spät, es hat nie angefangen, die Zeit steht still, auch wenn die Gefühle präsent, sind es Mauern, die es zu erklimmen gilt, so frage ich mich, wird es jemals geschehn? Ich klettere immer weiter, doch sehe ich kein Ziel, weiß, nur wenn ich falle, passiert was mit mir.

**Und wie gern würd ich dich kennenlernen**, deine Hand nehmen, mit dir durch den Nebel gehen und das Licht sehen, auch wenn du in der Stille verbleibst, werd' ich dich verstehen, die Gefühle verblassen nie, in Anbetracht unserer Idee, in der Liebe zu bestehen.

**Wenn ich dir was sag**, denkst du, ich stell'
mich über dich, doch das stimmt nicht, eine
berechtigte Sorge ist hier angebracht; ich
sehe, wie du schwimmst ohne Halt, du dich
stößt an den Steinen des Lebens, du dich
verletzt, es nicht spürst. Die Zeichen klar,
aber nicht angekommen, auch wenn die
Selbstliebe verblasst, dein Feuer im Regen
auszugehen, er vermag, stelle dich unter
meinen Schirm und halte dich warm, es tut
weh, aber dein Funke wird weiter bestehen.

**Der Selbstwert darunter litt**, die Blicke
niemals schwiegen, ich mich am falschen
Platze fühlte und mein Inneres sich verborg,
die Mauern schließen, sie dachten, ich sei
verbohrt, ich spürte mich nicht mehr, Schloss
mich selber ein, in die fremden Welten, in
denen ich mich verlor, ich fand den Exit
Knopf und kam zu mir zurück.

**Warum du bist**, bestimmt kein anderer, sei er noch so vermeintlich groß, du allein stehst im Rampenlicht, spiel dein Spiel, dein freier Wille geschieh, nimm den Schlüssel aus deinem Versteck und öffne, was verborgen schien.

**Bitte gib nicht auf**, was dir am Herzen liegt, denn daraus formt sich deine Bestimmung und damit deine Zukunft.

**This is my chance to believe in love**, in this World of ashen dust and cold Blood, listen my Horizon From far away where god me Sees.

*Ich möchte deine Hand halten und ich werde auch, vielleicht auch nicht, ich werde vergessen, was vorgefallen war, ich wusste es nie.*

# Neuanfang

**Wirst du mich beruhigen**, wenn ich am Fallen bin? Auch wenn die Hoffnung erlischt, wirst du bei mir sein? Es ist kein Abschied, ich werde nach oben gehen, jede Stufe hinauf und du wirst hoffentlich meine Begleitung sein.

**Und ich frage mich**, haben wir nicht alle Gefühle? Alle Wesen, die hier wandeln, ein Herz und das Potenzial, Schmerzen zu erleiden, körperlich und geistig? So wird denen, die nicht erhört werden vom Menschen, Unrecht angetan und das, weil dem Menschen die Fähigkeit fehlt zu kommunizieren und sich zu verbinden mit alledem.

**Und die Zeit ist schon längst reif, für diese Zeilen**, so wie ich es seh, verbracht im eisernen Schnee, die roten Tropfen fallen ins Meer und die Menschen fühlen nichts mehr. Die Veränderungen sind ersichtlicher denn je, der Nebel dichtet sich zu, so atme ich weiter im nächtlichen Windzug, ich höre so wenig, doch alles bewegt sich und die Zeit ist wohl noch nicht reif, für diese Zeilen.

**Wieso spür' ich dieses Gefühl in mir**, wenn alles drunter und drüber geht, meine Welt auf dem Kopf steht, alles um mich nebelig wird. Ich erwache im Labyrinth des Lebens, auf einer Bühne, mit den Lichtern auf mich gerichtet, beobachtet von allen Blicken. Von allen Augen getrennt, die von aller Meinung getränkt, so frage ich mich, gibt es diesen Moment im Leben eines jeden? Werde ich jemals Applaus erhalten für mein Spiel?

**Ich sehe sie auf diesem Schlachtfeld**, glaub es kaum, was ist nur geschehen, dass den Menschen ihr Leben und das der anderen so egal geworden scheint, sie sich zerstören, mit hasserfüllten Augen, nichts dringt mehr durch sie hindurch, bis auf die Kugeln der Feinde. Ein Massaker sucht seinesgleichen; die letzten Worte sind schon längst gefallen und es zählt wohl nur noch anzugreifen. Ich trauere um diese Wesen, doch der freie Wille hat es ihnen gegeben, das Recht zu entscheiden über ihr eigenes Leben.

**Menschen kämpfen gegen dich**, du musst gar nicht kämpfen, schütze dich nur und du wirst trotzdem siegen.

**So sehe ich sie alle Fallen** und frage mich, wofür überhaupt. Es braucht einen Neuanfang in dieser Welt, wo die Liebe vorherrscht und die Seelen gereinigt, eine Welt, in der die Gier verschwand in Anbetracht der stetig steigenden Geisteskraft, die Bewusstsein schafft. Das Herz an erster Stelle steht und der Hass hinweggefegt, die Menschen einen neuen Weg gehen.

*Es ist kein Spiel um Leben oder Tod, es ist ein Leben zwischen Licht und Schatten.*

# Bedeutsamkeit

**Bedeutungslosigkeit** entsteht aus der Undankbarkeit, wo ist denn noch der Sinn bei alledem.

**Die liebe**, sie ist wagemutig, so verheerend im falschen Augenblick, so friedlich eigentlich, der Weg zu mir selbst beherbergt gefahren, stoppe meinen Gang für die Illusion eines Stillstands, doch bewege mich immer mehr, die Liebe ist so fesselnd und bietet gleichermaßen die Möglichkeit, sich zu befreien.

**So werde ich wohl**, die Straße mein Zuhause nennen, ein Kämpfer sein, der für sich alleine steht und doch sich sehnt, nach dem Gefühl, geborgen zu sein, ich lebe ein Leben im Schatten der Wege, die ich gehe.

Verlassen von denen, die ich einst liebte und der Stimme, die mir den Weg weißte, liege ich am Rande meines Abgrundes und suche nach meinen Spuren, die mir zeigen, wo ich herkomme.

So streift sie durch die Gassen auf der Suche nach einem Ziel; sie reflektiert sich in den Pfützen der kalten Straße, im Mondlicht einer dunklen, längst vergangenen Stadt. Die Straßenlampen flackern und die Geräusche derer, ohne festen Platz im Leben, sind hallend an den von dichten Mauern umhüllten Wegen zu vernehmen. Sie fragt sich, werde ich eines Tages nach Hause und zu mir selbst finden.

**Und egal, wie viel Positives zu berichten war**, so kann auf einen Schlag, bei einer negativ behafteten Nachricht oder Situation, alles kippen und alles zuvor positiv Geschehene scheint wie weggewaschen. Verdrängt und vergessen für den Augenblick, dieser Moment, man sieht in das Gesicht und erkennt nur Traurigkeit und Wut. Wieso noch erzählen, von all dem Guten, wenn es doch so wertlos erscheint in jener Situation, in der man Schwäche zeigte, Fehler begann. Was soll der Sinn einer Unterhaltung sein, wenn die Person gegenüber von einem, einfach im Inneren schweigt und einfach abschweift.

**Es war mal anders**, unverletzt, eine Zeit der Güte, eine Zeit der Liebe, die Wege waren gepflastert, es war der erste Blick, ein Verrat, ein Messerstich und der Traum erlischt.

**Die vollkommene Wahrheit** wird für die Sprache verborgen bleiben, nur Gefühle, Gedanken, Bilder werden offenbaren, was vor deinem Auge liegt.

**So werde ich** dich eines Tages vielleicht erneut treffen, an einem anderen Ort, an dem die Zeit stillsteht und uns die Ewigkeit bleibt.

**Verliebtsein bedeutet**, die Vorstellung des Zusammenseins zu lieben. Liebe bedeutet, die Realität zu kennen und dennoch zu lieben.

**So verblühte auch das Letzte**, es war anders als zuvor, es verblasste und ich sah es kurz, meine Gefühle sind nicht die gleichen, meine Ängste schon, ich denke, hier verlor ich und es war auch so, was hatte mich begleitet durch diesen Sturz, ich sprang und flog in eine Illusion.

**Wo ist der Mensch**, wo bleiben die Tränen, die versieben, meine Hoffnung, die beinah erlischt und die Treue, die ich liebe? Wo bleibt deine Angst, die ich dir wieder nehme, die Zeit, die verbleibt, der Glaube an mich, er wird bleiben, so hoffe ich.

*Diese Welt hat den Löwen in mir geweckt*

# Menschsein

**Ich bin kein Schwarzmaler**, ich male mit Weiß auf Blau und doch zeig' ich auf, was alles passiert in dieser Welt, denn der Frieden ist bloß Schein und das vermeintlich Gute bösartig und im Herzen klein.

**Ein guter Mensch** zu sein, so bin ich, das werd' ich immer und auch wenn das Geld fehlt, kratzt dies nicht an meiner Menschlichkeit. Wenn alle schweigen und die Hoffnung fehlt, werd' ich da sein, mit meinem Herz.

**Deine Fassade** muss erwachsen sein, damit du dich nicht verletzt und überlebst. Dein Inneres muss Kind sein und bleiben, damit du lebst und wächst.

**Meine Trauer** fasste sich kurz, aber ich dachte lange nach, was ein Urteil, was ein Plan, den zu befolgen, es gab; ich ging und kam und fand Ruhe in deinem Arm.

**Meine Angst**, sie ist es nicht, die Quelle meiner Trauer, noch die Befürchtung, es würde niemals besser, des eingeschränkten Mannes Spiel, ist es, wovor ich zittre, denn ich bin es, der es spielt. Doch ich möchte frei sein und nicht in meinen Zwängen; es dürstet mich nach Liebe und der Gewissheit, nicht allein zu sein. Meine Schmerzen werden löslich sein, ich werde Freiheit erlangen und endlich meine Heilung empfangen.

**Und egal, wie viel Positives zu berichten war**, so kann auf einen Schlag, bei einer negativ behafteten Nachricht oder Situation, alles kippen und alles zuvor positiv Geschehene scheint wie weggewaschen. Verdrängt und vergessen für den Augenblick, dieser Moment, man sieht in das Gesicht und erkennt nur Traurigkeit und Wut. Wieso noch erzählen, von all dem Guten, wenn es doch so wertlos erscheint in jener Situation, in der man Schwäche zeigte, Fehler begang. Was soll der Sinn einer Unterhaltung sein, wenn die Person gegenüber von einem, einfach im Inneren schweigt und einfach abschweift.

*Die Luft zum Atmen geben, den*
*Lieben Platz zum Leben,*
*unglaubliche Kräfte sich erheben,*
*meines Weges gehen.*

# Vom Winde Getragen

**Summen der Wesen**, ihre Flügel schlagen in Windeseile, fliegen in all jene Himmelsrichtungen geleitet, von alledem, was uns unbekannt ist. Durch die Forte hin zur Brücke, den See der Schande überbrückt, das Himmelszelt bei nachte, glühen die Lichter in hellem Gelb, imitieren und irritieren, des nachtes Wanderschaften.

**Die Antwort bleibt aus**, der Weg bleibt der gleiche, wie Kälte und Wärme zugleich, wie komme ich da raus? Die Verzweiflung in meinen Augen, eine Verwandlung wie Tag und Nacht, wo meine Kräfte mir entlaufen, in der Stille verbleiben, in der Zwietracht so schwach, in Eintracht mein Geheimnis gut bewacht, so sichtbar für alle Welt, am Boden liegend für all das Geld.

**Ich sehe, was zuvor unsichtbar schien,**

Das Geheimnis des Lebens, der Sinn von
alle dem,

Dieses geborgene, verborgene im Licht,

Umschlossen von Schatten dieser Welt,

Der eine Weg, lichterloh hindurch, durch
die Dunkelheit,

Die Zeit nicht verpasst und doch gelebt wie
ein Gefangener,

Was ein Stolz, was für eine Macht, die mich
zu zerreißen drohte,

So unglaublich getrieben und am Boden
liegend,

Eine Kraft die seines gleichen sucht, ich
sehe es vor mir,

Ein Antlitz der Wahrheit in dieser kalten
Zeit,

Vergesslichkeit seit Anbeginn des geborenen,

Die Zeit es zu Erliegen bringt, aufgelöst im nimmerland,

Mein Frieden in meiner selbst, wird bestehen, die Schatten sie schwinden,

**Eine neue Zeit beginnt.**

**Viele Monde sind vergangen**, zerflossen in meinen Augen und wenn ich könnte so würd ich gern, doch es steht nicht in meiner Macht, ich bin nicht der Spieler dieses Spiels, am Horizont erblickte ich nur die Nacht, Geduld zerrissen, wie hoffte ich auf Erlösung in dieser Stund, doch mich erwartete nur der eiskalte Schlund, wenn ich sage, es würde besser, so sage ich, es könnte schlimmer sein.

*Zum Ende hin, erkenne ich die schleichenden Omen, mein erwecktes Herz, das mich begleitet durch alle Phasen meines Seins, Ich sehe es vor meinem inneren Auge, was zuvor unsichtbar schien und ringe mit meinen Worten, es zu bringen auf das Papier.*

*So fange ich auf, die Botschaft meiner Seele, erfülle mein Herzenswunsch, er wandelt durch die Welten, auf der Suche nach dem.*

# *URSPRUNG...*

*Danke an das Zuhause, das meiner Seele gleicht.*

# Über den Autor

Maximilian Noel Schimanzik, geboren 2004 in Bielefeld, ist ein deutscher Autor und Dichter. Er machte seinen Schulabschluss an der Laborschule Bielefeld und besuchte darauffolgend das Oberstufen-Kolleg; dort erlangte er seine Fachhochschulreife und absolvierte ein Freiwilliges Soziales Jahr in der Stadtbibliothek Bielefeld. Während der 12. Klasse entdeckte er die Welt der Poesie für sich und schrieb Gedichte über Themen, die ihm auf dem Herzen liegen.

Tiefgreifendes Nachdenken über die Gesellschaft, das Leben und die unsichtbaren Gefilde der Gefühle und Emotionen treiben ihn bei der Erschaffung seiner Gedichte an. Seine „fließende Poesie" schreibt er aus dem Unterbewusstsein heraus und verzichtet dabei auf Gedanken, um so seinen Gefühlen ungehindert freien Lauf zu lassen und eine blockadenlose Entfaltung zu ermöglichen.